少林武术精粹系列丛书

少林拳（十一）

德虔　德炎　编著

北京体育大学出版社

责任编辑：任　侠
责任校对：郝　彤
版式设计：李　鹤

图书在版编目（CIP）数据

少林拳. 十一 / 德虔, 德炎编著. -- 北京 : 北京体育大学出版社, 2022.1

（少林武术精粹系列丛书）

ISBN 978-7-5644-3573-8

Ⅰ. ①少… Ⅱ. ①德… ②德… Ⅲ. ①少林拳－套路(武术) Ⅳ. ①G852.15

中国版本图书馆CIP数据核字(2022)第007606号

少林拳（十一）

SHAOLINQUAN(SHIYI)　　德虔　德炎　编著

出版发行：北京体育大学出版社
地　　址：北京海淀区农大南路1号院2号楼2层办公B-212
邮　　编：100084
网　　址：http://cbs.bsu.edu.cn
发 行 部：010-62989320
邮 购 部：北京体育大学出版社读者服务部 010-62989432
印　　刷：北京昌联印刷有限公司
开　　本：880mm × 1230mm　1/32
成品尺寸：148mm × 210mm
印　　张：2.25
字　　数：44千字
版　　次：2022年1月第1版
印　　次：2022年1月第1次印刷
定　　价：13.80元

前 言

武术作为中国的国粹，是中华民族传统文化的组成部分。家喻户晓的少林武术便是其中极具代表性的门类，是中国武术的重要象征。

我社与少林武术结缘已久，伴随着时光的流逝，有多种内容、多样组合、各种形式的载有少林武术的出版物，源源不断地从我社注入市场，为方兴未艾的少林武术热潮平添了更高的热度。可以说，少林武术图书一直与我社相伴相随，成为我社具有长期出版价值的图书门类。其中，少林武术图书的编纂者——已故的王长青（法号释德虔）先生功不可没。他经年累月锲而不舍，寻于寺院、觅于乡间，挖掘出大量尘封的少林武术资料，继而分门别类梳理、整饬成一册册书稿，并与我社携手努力，打造出独树一帜的武术图书板块，为我社的武术图书出版打开了新局面。

今天，在着力弘扬中华优秀传统文化，树立和增强文化自信的大背景下，我社将以往出版的少林武术书籍重新进行了编排，以全新的面貌推出“少林武术精粹系列丛书”，这是我社多年来少林武术出版情结的延续，是对积累和沉淀的少林武术资源的再一次整合与展示，更紧密契合了时代的要求。

通过这套书，读者可以研习刚柔相济、闪转腾挪的少林功夫，可以感悟其中凝结的中华智慧，可以领略武术文化的博大精深……这便是我社对这套书出版价值的期待。

目　录

少林五虎拳

动作名称

预备势

1.绷腿侧掌

2.大鹏独立

3.弓步刁手

4.二郎担山

5.坐盘右冲拳

6.古树盘根

7.仆步抱拳

8.弓步冲拳

9.梅花转掌

10.仆地视锦

11.砍掌飞脚

12.反背撩拳

13.转身摆莲

14.白鹤亮翅

15.飞云脚

16.弓步崩拳

17.撤步腾架

18.上步三冲拳

19.卧虎抖威

20.跳步弹腿

21.弓步冲拳

22.箭弹二起脚

23.仆步架掌

24.转身推掌

25.转身跳步双冲拳

26.虚步撩阴掌

27.大鹏展翅

收　势

动作图解

预备势

两脚成八字站立；身体挺直，两臂自然下垂，两掌附于大腿外侧，掌心向里，掌指向下；目视前方。（图1）

1.绷腿侧掌

抬左脚向前上一步，再抬右脚向前与左脚成并步，震脚；同时，两手由下向后向上，再向下向前画弧，然后向下推按，两掌心向下；目视左侧。（图2）

上动不停，抬左脚向左迈一步，右腿绷直，左腿稍屈，左脚尖点地；同时，两掌变拳，由胸前向两侧击出，拳心向下；目视左侧。（图3）

图 1

图 2

图 3

2.大鹏独立

左脚踏实，两脚向左箭跳一步，再速抬左腿提膝；同时，两臂

由胸前向两侧上方展出，拳心向前；目视前方。（图4）

3.弓步刁手

左脚落地，屈膝成左弓步；两拳变掌，左掌从右掌心穿出，变成勾手，向上猛刁，勾尖向下；右掌变成插花手，屈肘亮于胸前，掌心向左；目视前方。（图5）

图 4

图 5

4.二郎担山

两脚踢地，向右转体180度，右腿屈膝成右弓步；同时，两臂由胸前向前后展出；两手成勾手，勾尖向下，目视右手。（图6）

图 6

5.坐盘右冲拳

左脚向前上一步，两腿交叉屈膝全蹲成歇步；同时，右勾手变拳，向前方冲出；左勾手变掌端于腰侧；目视右拳。（图7）

6.古树盘根

起身，震左脚，向后踮步，仍成坐盘势；右拳变掌，向前伸出，再变成勾手右刁；同时，左手向右成立掌横推，掌心向右，掌指向上；目视右手。（图8）

图 7

图 8

7.仆步抱拳

起身，右脚向前上一步，两脚蹍地，向左转体90度，两腿成左仆步；同时两掌变拳，抖肘抱于腰两侧；目视左侧。（图9）

8.弓步冲拳

起身，向左转体90度，成左弓步；左臂由胸前抖劲向前冲击，拳心向下；右臂屈肘，右手握拳抱于腰间；目视左拳。（图10）

图 9

图 10

9.梅花转掌

左脚不动，抬右脚向前上一步，落成右虚步，两腿微蹲；同时，两拳变掌，向前上方对腕转掌；目视前方。（图11）

10.仆地视锦

右脚向前上一步，左腿屈膝成右仆步；同时，左掌由下向左后上方弹出，然后变成勾手；右掌由右向左弹出，护于左腋下；目视右侧。（图12）

上动不停，两腿变成右弓步；右手向前抓，然后抖腕撩掌；左手向后上方提成勾手；目视右掌。（图13）

左脚不动，收右脚落于左脚前，成虚步；左手收回胸前向左上方甩成勾手；右臂屈肘向前推出，掌心向外；目视右掌。（图14）

图 11

图 12

图 13

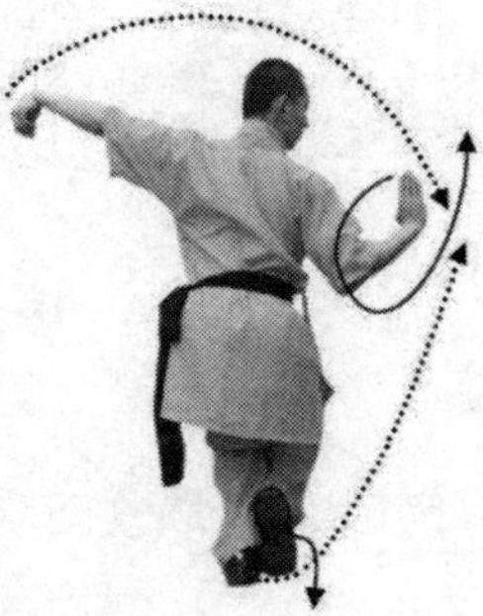

图 14

11.砍掌飞脚

右脚踏实，抬左腿向前向上弹踢；同时，右掌与左掌向胸前砍去；目视两掌。（图15）

12.反背撩拳

左脚落于右脚前，屈膝成左弓步；两掌变拳，同时向前冲击，拳心向下；目视两拳。（图16）

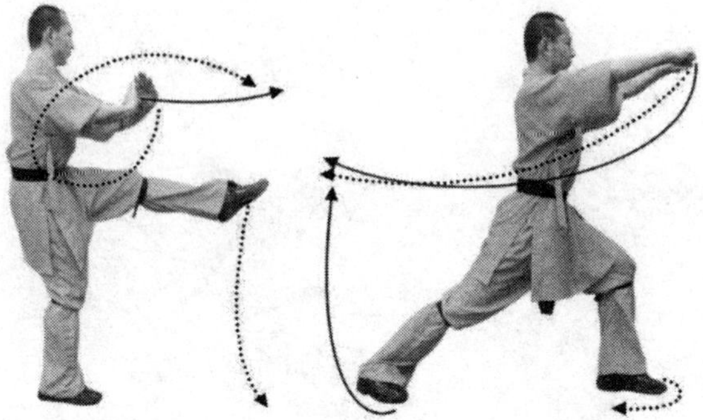

图 15　　图 16

13.转身摆莲

上动不停，两脚蹍地，向右转体180度，抬右腿向前向上弹摆；两拳变掌，左掌架于头上方，掌心向上，右掌收抱于腰间；目视前方。（图17）

14.白鹤亮翅

右脚落于左脚后左侧一步，两脚蹍地，向右转体180度，使两腿成右弓步；同时，两掌收回胸前环弧，右掌架于头前方，左掌向左甩成勾手；目视左手。（图18）

图 17　　图 18

上动不停，依次抬两脚向左转身（向左转体180度），落地成马步；两手变拳，右拳向右下方揣击；左臂屈肘，左拳抱于左胸侧，上体向右侧倾探；目视右拳。（图19）

15.飞云脚

以左腿为轴，抬右腿（向左转体270度）向左上方扫踢；两拳变掌，左掌向右拍击右脚内侧，右掌向后甩，目视左掌。（图20）

图 19

图 20

16.弓步崩拳

右脚落在左脚右侧一步，两脚踉地，向右转体90度，左脚向前上一步，屈膝成左弓步；同时，两掌变拳，向两侧上方崩出；目视前方。（图21）

图 21

17.撤步腾架

收左脚为左虚步，两腿微蹲；同时两拳由胸前向下，再向上绕环头上相击，高过头顶；目视前方。（图22）

18.上步三冲拳

左脚踏实，向前上步成左弓步；同时，左拳向前冲击；右臂屈肘，右拳抱于腰间；目视左拳。（图23）

图 22

图 23

上动不停，再上右脚成右弓步；冲右拳，收左拳抱于腰间；目视右拳。（图24）

上动不停，右弓步不变；冲左拳，收右拳抱于腰间；目视左拳。（图25）

图 24

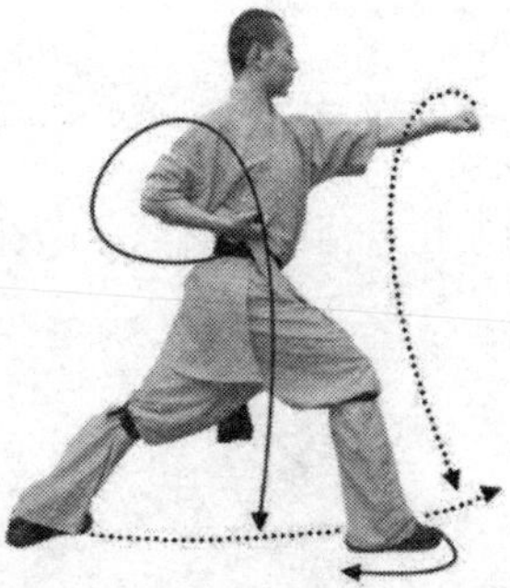
图 25

19.卧虎抖威

抬左脚向前上一步，向右转体90度，右腿全蹲，左腿仆地成左仆步，两拳变掌下按于两腿前地面。（图26）

上动不停，以右脚为轴，抬左腿由左向右扫一圈，两掌随身按于右腿前方。（图27）

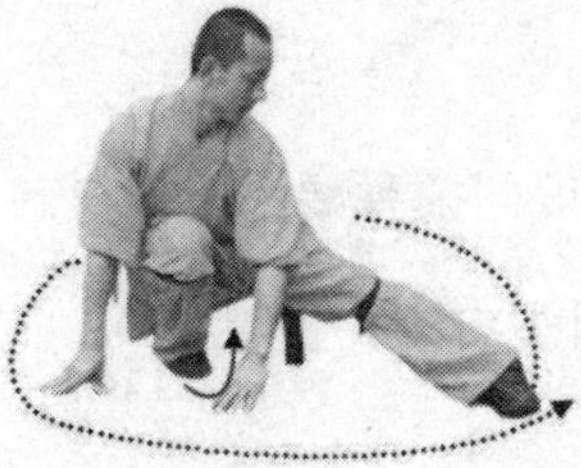
图 26

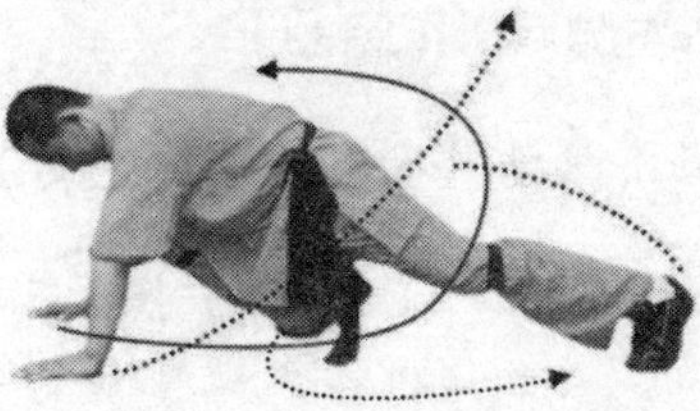
图 27

20.跳步弹腿

起身，两脚向左跳步，向左转体90度；抬右腿向前上方踢；左掌由外向上推出，右掌随身向后撩打；目视右脚。（图28）

21.弓步冲拳

右脚落于左脚前一步，上左脚成左弓步；两手随身画弧，然后变拳；右拳向前击出，拳心向下；左拳向外向上画弧，然后抱于腰间，拳心向上；目视右拳。（图29）

图 28

图 29

22.箭弹二起脚

抬左腿向右后侧弹踢，然后向左转体90度，两拳变掌，出右掌向后拍击左脚底。（图30）

左脚不落地，抬右腿随体左转90度向前弹踢；当全身腾空时，出右掌拍击右脚面，左掌向后撩出；目视右脚。（图31）

图 30

图 31

23.仆步架掌

右脚向后落一步，向右转体90度，左腿屈膝，右腿伸直；左掌由内向外向上画弧，然后架于头上左侧，掌心向前；右掌由前向后甩；目视右侧。（图32）

24.转身推掌

起身，两脚蹍地，向左转体90度，成左弓步；同时两臂屈肘向前猛推，掌心向前；目视两掌。（图33）

图 32

图 33

25.转身跳步双冲拳

两脚蹍地，向右转体180度，右脚向前上一步，屈膝成右弓步；同时，两掌变拳，向前猛冲，拳心向下；目视两拳。（图34）

26.虚步撩阴掌

右脚后退一步，向右转体90度，收左脚为右虚步，两腿微蹲；两拳变掌，右掌由上向下撩劈；左掌由内向外向上画弧，然后架于头前上方，掌心向前；目视右手。（图35）

图 34

图 35

27.大鹏展翅

两脚向右侧跳一步，稍向左转体，震右脚，然后收左脚成左虚步；右掌由下向外向上画弧，然后架于头右侧上方；同时，左掌由右向左甩，目视左掌。（图36）

收　势

左脚踏实，身体挺直；两掌回胸前环弧，然后垂臂向下，附于大腿外侧；目视前方。（图37）

图 36

图 37

少林黑虎拳

动作名称

预备势

1.拦手卧地炮

2.飞爪划瓶

3.猛虎抛骨

4.左摆脚

5.右摆脚

6.黑虎跳山

7.猛虎跳涧

8.黑虎弹爪

9.猛虎跳涧

10.推倒墙

11.黑虎弹爪

12.十字采脚

13.黑虎跳山

14.掏心连捶

15.饿虎吞羊

16.黑虎大翻身

17.踢腿撩掌

18.黑虎钻云

19.掏摘心拳

20.弓步冲左拳

21.弓步冲右拳

22.双爪拨蛇

23.饿虎吞羊

24.黑虎掏心

25.上步冲拳

26.黑虎盘山

27.黑虎出洞

28.黑虎钻林

29.饿虎吞羊

30.黑虎跳涧

31.黑虎奔川

32.黑虎攀崖

33.黑虎下山

收　势

动作图解

预备势

两脚成八字站立；两手握拳于腰间，拳心向上，身体挺直；目视前方。（图1）

1.拦手卧地炮

左脚向左跨一步，上体左转90度；同时两拳变掌由右向前向左往内下拦（图2）；再抬右脚向前与左脚并拢，震脚；右拳随身势由右上方向胸前下方砸去，与左拳合击；两腿全蹲；目视前方（图3）。

图 1

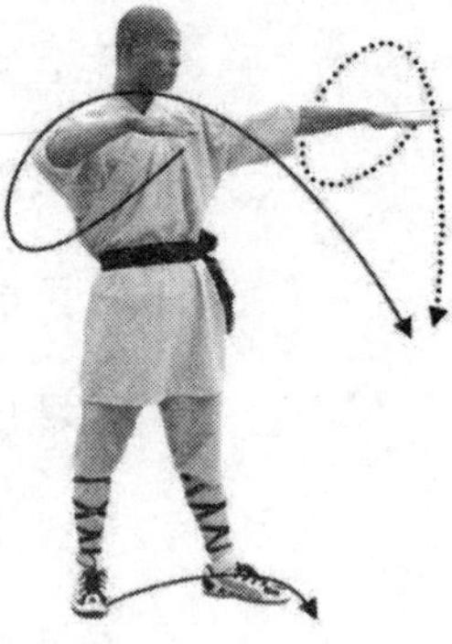
图 2

图 3

2.飞爪划瓶

左脚向前上一步，屈膝，右腿伸直成左弓步；左拳变掌由下向上，在胸前抖腕成立掌推出；右拳由下向上向外抖腕，然后平端于腰侧；目视左掌。（图4）

3.猛虎抛骨

左脚向后退一步，使两腿成麒麟步；左掌由前翻掌，屈肘后缩；右拳变掌随身势向前下方掠切，掌心向前；上身略向前倾，目视右掌。（图5）

图 4

图 5

4.左摆脚

左腿向前向上弹踢，脚面绷直；两掌向前由右向左拍击左脚面；目视两掌。（图6）

5.右摆脚

左脚落于右脚前一步，右腿向前向上弹踢，脚面绷直；再出两掌向前由左向右拍击右脚面；目视两掌。（图7）

图 6

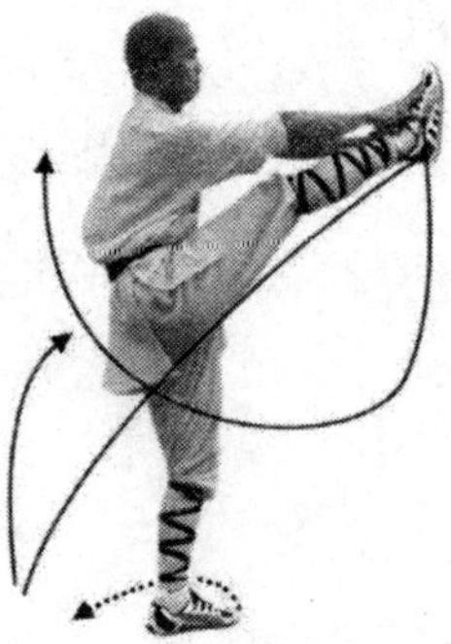

图 7

6.黑虎跳山

上动不停，右脚不落地，以左脚为轴，向左跳步转体180度，右腿向前向上弹踢；当全身腾空时，出右掌拍击右脚面；左掌变拳，抱于腰间；目视右掌。（图8）

7.猛虎跳涧

上动不停，右脚不落地，向左跳步转体90度，转体后右脚落于左脚右侧一步，右腿屈膝，左腿向左伸直成左仆步；左拳变掌，两掌在跳步时向前猛抓，然后变拳相击于胸前，拳心向下；目视左侧。（图9）

图 8

图 9

8.黑虎弹爪

两脚不动，起身，上体左转90度，左腿屈膝成左弓步；两拳变掌，右掌经胸前成侧立掌推出，掌心向左，掌指向上；左掌随身势收回腰侧，掌心向上；目视右掌。（图10）

9.猛虎跳涧

两脚同时向前起跳，落地后，向右转体90度，右腿屈膝，左腿伸直成左仆步；两掌在跳步时向前猛抓，然后再变拳相击于胸前，拳心向下；目视左侧。（图11）

图 10

图 11

10.推倒墙

起身，左脚不动，向左转体90度，右脚向前与左脚并步，震脚；同时两拳变掌，由胸前略上方成立掌推出，掌心向前，掌指向上；目视两掌。（图12）

11.黑虎弹爪

右脚踩地，左脚向前向外旋摆，随之向左转体180度，转身后左腿再向前弹踢；随之两掌变拳，抱于腰间；目视前方。（图13）

图 12

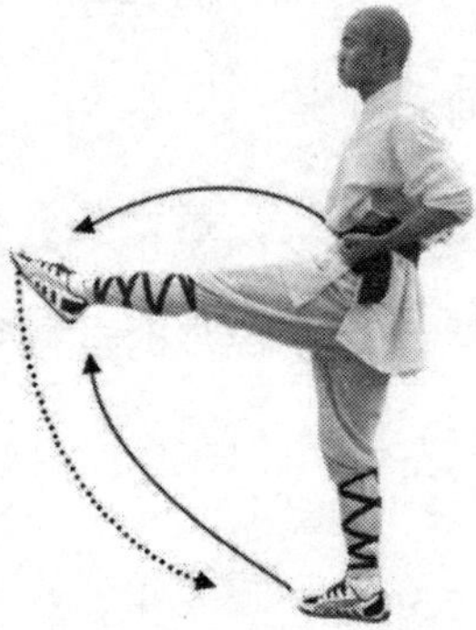

图 13

12.十字采脚

左脚落地，右腿向前向上弹踢，脚面绷直；右拳变掌由胸前拍击右脚面；左拳抱于腰间。（图14）

动作不停，右脚落地，左腿向前向上弹踢，脚面绷直；左拳变掌由胸前拍击左脚面；右掌变拳抱于腰间；目视前方。（图15）

13.黑虎跳山

上动不停，左脚不落地，速抬右腿向前向上弹踢；当全身腾空时，出右掌拍击右脚面，左掌变拳抱于腰间；目视右掌。（图16）

14.掏心连捶

右脚落地后立即向前纵跳，右脚落于左脚前，屈膝，左腿伸直成右弓步；右掌变拳，向前猛冲，拳心向下；左拳护于右上臂。（图17）

图 14

图 15

图 16

图 17

左脚向前上一步，屈膝成左弓步；收回右拳，再冲左拳，拳心向下（图18）；然后收回左拳，再冲右拳，拳心向下；目视前方（图19）。

图 18

图 19

15.饿虎吞羊

先抬左脚，后抬右脚向前跳一步，左脚落于右脚前，左腿屈膝，右腿伸直成左弓步；在跳步时两拳变成鹰爪，由右后侧向前猛抓，然后两手再变拳，上体稍前倾；目视前下方。（图20）

上动不停，抬右脚向前上一步，与左脚并步，震脚；同时左拳变掌由胸前向上向外，再向内搂手，然后向下抓，再反掌向上；右拳由胸前向前下方与左掌相击；两腿全蹲；目视两手。（图21）

图 20

图 21

16.黑虎大翻身

左脚向后退一步，向左转体180度；同时右拳变掌，随身势向前撩；左掌抱于腰间。（图22）

17.踢腿撩掌

上动不停，右脚向前跳一步，随即起身稍向右转，转身后，再抬左腿向前弹踢；同时，右掌变拳抱于腰间；左掌向前上方撩；目视前方。（图23）

图 22

图 23

18.黑虎钻云

左脚落地，右腿向前向上弹踢，脚面绷直；当全身腾空时，右拳变掌由胸前向上向下拍击右脚面；左掌变拳抱于腰间；目视前方。（图24）

19.掏摘心拳

右脚不落地，左脚向前跳一步，成左弓步；右掌变拳，经胸向

前猛冲，拳心向下；左拳抱于腰间。（图25）

图 24

图 25

20.弓步冲左拳

上动不停，左弓步不变；左拳向前冲击，拳心向下；同时，收回右拳抱于腰间。（图26）

21.弓步冲右拳

上动不停，左弓步不变；再冲右拳，收回左拳抱于腰间；目视右拳。（图27）

图 26

图 27

22.双爪拨蛇

左脚不动，右脚向前上一步，上体右转90度，两腿成叉步；两拳变掌，同时由左向右后下方掠，两掌心向内，掌指向下；目视右侧。（图28）

23.饿虎吞羊

上动不停，左脚向左移一步，向左转体90度，再抬右脚向前上一步，与左脚并步，震脚；同时右掌变拳，与左掌在胸前相击；两腿半蹲；目视前方。（图29）

图 28

图 29

24.黑虎掏心

左脚向前上一步，屈膝成左弓步；左掌变拳由胸前向外画弧，然后再向前砸击；右拳抱于腰间。（图30）

25.上步冲拳

上动不停，右脚向前上一步，变成右弓步；同时收回左拳抱

于腰间；右臂抖肘内旋后，由下向前狠击，拳心向里；目视右拳。（图31）

图 30

图 31

26.黑虎盘山

右脚后退一步，向右转体90度，成右弓步；同时两拳变掌，下劈后再变拳；右拳上架于头右侧，拳心向前；左拳由胸前向下甩击，拳心向后，上体右倾；目视左侧。（图32）

27.黑虎出洞

两脚踉地，向右转体90度，左脚向前上半步；两臂同时屈肘向后扛，上身向前微微伏探；目视前方。（图33）

图 32

图 33

28.黑虎钻林

右脚向前纵踮飞跳一步，成右弓步；右拳随之向前冲击，拳心向下；左拳由左向内向下画弧，然后向下向后再向上反击，上体稍向前探；目视右拳。（图34）

29.饿虎吞羊

左脚向前上一步，与右脚并拢，震脚，两腿半蹲；在震脚的同时，左拳变掌，向前下方甩；右拳向外向上，再向内画弧，然后向前下方与左掌相击；目视两手。（图35）

图 34

图 35

30.黑虎跳涧

先上右脚，后上左脚，身体左转跳步，左腿伸直，右腿屈膝成左仆步；左掌随身势向前下劈，右拳变掌，然后两掌护架胸前，右掌变拳收回腰间；目视左侧。（图36）

图 36

31.黑虎奔川

起身，两脚踩地，向左转体90度，成左弓步；左掌前冲，右拳变掌护于右肋外侧；目视左掌。（图37）

32.黑虎攀崖

右脚向前上一步，提起左膝；右掌变拳向右向上画弧，然后架于头前上方，拳心向前；左掌变拳屈肘抖腕，拳头下扎在膝盖上方，拳心向左；目视前方。（图38）

33.黑虎下山

右脚向前跳一步，左脚落于右脚前一步，屈膝成左弓步；同时两拳向前下方冲击，拳心向下，上体向前倾探；目视前方。（图39）

收　势

向右转体90度，收左脚与右脚成八字站立；两拳变掌，两掌随势向两侧平掠，然后变拳，抱于腰间；目视前方。（图40）

图 37

图 38

图 39

图 40

少林猛虎拳

动作名称

第一路

预备势

1.蝴蝶双飞

2.顶心标拳

3.黑虎钻心

4.金钻穿石

5.织女穿梭

6.老虎出洞

7.卧虎望筝

8.连环三打

9.黑虎崩崖

10.二郎担山

11.猛虎跳涧

12.连环三打

13.八戒翻扒

14.海底抓鳖

15.金钻穿石

16.伏虎寻羊

17.双枪穿喉

18.饿虎吞羊

19.猛虎弹爪

20.将军斩剑

21.饿虎偷心

22.伏虎摘心

第二路

23.白虎上墙

24.十字采脚

25.金钻穿石

26.猛虎出洞

27.海底捞月

28.老虎靠山

29.白马奔川

30.白猴洗脸

31.天王托塔

32.猛虎藏威

33.嫦娥奔月

34.金钻穿石

35.铁牛耕地

36.猴子摘月

37.猛虎跳涧

38.黄忠放箭

39.双手捧月

40.鹞子钻林

41.斩蛇入泥

42.将军勒马

43.老虎出洞

44.猛虎跳涧

45.老婆拐线

46.威坐玉殿

第三路

47.顶心标拳

48.火神分金

49.罗汉推山

50.震脚顶肘

51.恶虎出山

52.龙王唤雨

53.黑虎钻心

54.卧虎望筝

55.猛虎抖爪

56.黑虎拦羊

57.金鸡独立

58.连环冲拳

59.海底捞月

60.猴探仙庭

61.金钻穿石

62.铁牛拉犁

63.白猴束身

64.程王拔桩

65.猛虎跳涧

66.鸿雁展翅

67.双龙出海

68.黑虎弹爪

69.单坐莲花

70.跳步坐山

收　势

动作图解

第一路

预备势

两脚成八字站立；两手握拳，抱于腰间，身体挺直；目视前方。（图1）

1.蝴蝶双飞

抬左脚向左移一步，两腿半蹲成马步；同时两拳变掌，由胸前分别向上向外再向里画弧，然后向胸前上方猛推，再握拳屈肘内闪，拳心向里；目视前方。（图2）

图 1

图 2

2.顶心标拳

两脚踉地，向左转体90度，成左弓步；左拳向内抖腕，然后向前平直冲出，拳心向下；右拳向外抖腕后抱于腰间；目视左拳。（图3）

图 3

3.黑虎钻心

右脚向前上一步，成右弓步，右拳随身势由下向上，屈肘冲击，拳心向里；左拳向外画半弧后抱于腰间，上体稍向前倾；目视前方。（图4）

4.金钻穿石

抬右脚向前迈一步，向右转体90度，两腿屈膝成马步；右拳向右侧冲击，拳心向下；左拳由下向外向上架于头上左侧，拳心向前；目视右拳。（图5）

图 4

图 5

5.织女穿梭

两脚蹍地，向左转体90度，抬右腿向前弹踢；两拳随身由前向后下方劈；目视右脚。（图6）

上动不停，右脚落于左脚前一步，抬左脚上前一步，成左弓步；同时，出右拳向前平击，拳心向下；左拳抱于腰间；目视右拳。（图7）

图 6

图 7

6.老虎出洞

抬左脚向前踮跳一步，然后上右脚落于左脚前，成右弓步；两拳随身势由胸前同时环头击出，拳心相对，上体向前伏；目视前方。（图8）

7.卧虎望筝

右脚向后退一步，向左转体90度，两腿全蹲成歇步；左臂随势屈肘向左摆打，拳心向后；右臂屈肘，右拳向左横击，拳心向里；

目视左拳。（图9）

图 8

图 9

8.连环三打

起身，两脚蹍地，向左转体90度，上左脚成左弓步；右拳随身势经胸部向前冲击，拳心向下；左拳抱于腰间。（图10）

上动不停，左弓步不变；收回右拳，再冲左拳。（图11）

图 10

图 11

上动不停，左弓步不变；收回左拳，再冲右拳；目视右拳。（图12）

图 12

9.黑虎崩崖

右脚向前上一步，随即起左脚前跳，右腿随之向上弹踢；当全身腾空时，右拳变掌向前上方拍击右脚面；左拳抱于腰间；目视右掌。（图13）

10.二郎担山

右脚落于左脚后一步，两脚踝地，向左转体90度，成大叉步；右掌变拳，与左拳同时在胸前环弧，然后分别向左右击出；目视左拳。（图14）

图 13

图 14

11.猛虎跳涧

左脚向后倒退一步，向左转体90度，抬右脚向左横跳一步，右腿全蹲，左脚再向左一步伸直成左仆步；左拳由外向内画弧，然后下砸，拳心向里；右拳抱于腰间；目视左侧。（图15）

图 15

12.连环三打

起身，两脚踝地，向左转体90度，右脚向前上一步，成右弓

步；右拳向前冲，左拳抱于腰间；目视右拳。（图16）

上动不停，弓步不变；收右拳，向前冲左拳（图17）。收左拳，再冲右拳（图18）。

图 16

图 17

图 18

13.八戒翻扒

左脚向前上一步，成左弓步；两拳随身势向前环绕，左拳斜向上冲，拳心向下；右拳向下向后甩击，拳心向左；目视前方。（图19）

14.海底抓鳖

抬右脚向前一步，震脚，与左脚成并步，两腿半蹲；两拳变掌，同时向前下方抓握，然后变拳，向前下方揣击；目视两拳。（图20）

图 19

图 20

15.金钻穿石

右脚向后退一步，两脚踲地，向右转体90度，两腿屈膝成马步；右拳以螺旋势向右钻击，拳心向下；左拳由内向外向上画弧，然后上架于头上左侧，拳心向前；目视右拳。（图21）

上动不停，两脚踲地，向右转体90度，抬两脚向前箭步跳一大步；同时两拳变掌，向前上方抓，左手向前搂，护于胸前；左脚向后蹬踢；目视右手。（图22）

图 21

图 22

16.伏虎寻羊

左脚落于右脚前一步，两脚踩地，向右转体90度，右腿全蹲，左腿伸直成左仆步；右掌变拳，回胸前与左拳环弧，然后合击（响亮）；目视左侧。（图23）

17.双枪穿喉

起身，两脚踩地，向左转体90度，右脚上前一步，屈膝成右弓步；两拳变掌，同时向前刺出，掌心向上，掌指向前；目视两手。（图24）

图 23

图 24

18.饿虎吞羊

抬左脚向前上一步，与右脚并步，震脚，两腿全蹲；同时，右掌变拳，向前与左掌合击；目视前方。（图25）

19.猛虎弹爪

起身，抬左脚后退一步，向左转体180度，抬左腿向前弹踢；左掌变拳，与右拳同时在胸前环弧，然后合击；目视前方。（图26）

图 25

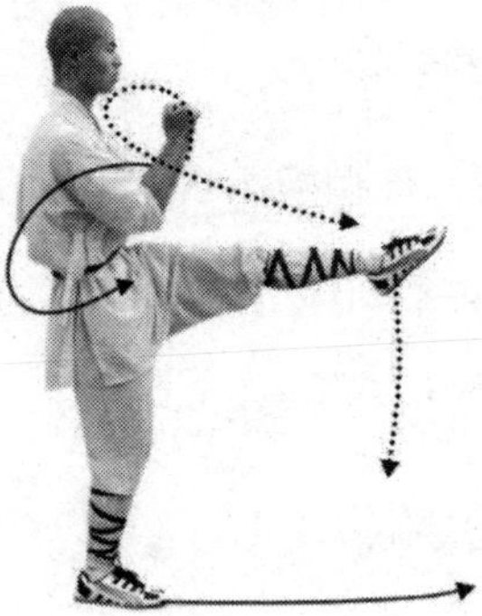
图 26

20.将军斩剑

左脚落于右脚前一步，成左弓步；左拳变掌，绕胸向前屈肘时成侧立掌推出，掌心向前，掌指向上；右拳抱于腰间。（图27）

21.饿虎偷心

抬两脚向前跳一步，右脚落左脚前成右弓步；右拳向前冲击，拳心向后；同时，左掌由左向右拍击右肘下部，上身向前稍伏；目视右拳。（图28）

图 27

图 28

22.伏虎摘心

右脚后退一步，向右转体90度，两腿屈膝成马步；左掌变拳，与右拳由身体两侧向内向上画半弧，然后同时向胸前屈肘相击；目视左侧。（图29）

上动不停，两脚踉地，向左转体90度，右脚向前上一步，两腿成右弓步；同时，右拳向前冲击，拳心向下；左臂向内撩，然后左拳抱于腰间；目视右拳。（图30）

图 29

图 30

第二路

23.白虎上墙

接第一路22势，抬左脚向前上一步，右腿伸直成左弓步；两拳在胸前环弧，然后同时屈肘相击。（图31）

24.十字采脚

两脚踉地，向右转体180度，抬左腿向前向上弹踢；右拳变掌向前拍击左脚面；左拳抱于腰间；目视右掌。（图32）

图 31

图 32

上动不停，左脚落于右脚前一步，抬右腿向前向上弹踢，脚面绷直；左拳变掌向前拍击右脚面；右掌变拳抱于腰间；目视左掌。（图33）

25.金钻穿石

右脚落于左脚后一步，两脚踉地，向右转体90度，两腿屈膝成马步；右拳由胸前向外向上画弧，然后架于头右侧上方，拳

心向前；左掌变拳，由胸前向左侧揣击，拳心向下；目视左拳。（图34）

图 33

图 34

26.猛虎出洞

抬两脚向左转身（左转180度）跳步，成右弓步；两拳同时随势向右侧环头上冲，拳心相对；目视右侧。（图35）

图 35

27.海底捞月

两脚向前跳，成并步，同时震右脚，随之屈膝下蹲；两臂向前搂抓；目视前下方。（图36）

28.老虎靠山

起身，抬左脚向左移一步，向左转体90度，再抬右脚上前一步，两腿微蹲，成麒麟步；两掌变拳，同时，两臂随势由胸前屈肘前冲，上身稍向前伏；目视两拳。（图37）

图 36

图 37

29.白马奔川

两脚向前跳一步，左脚落于右脚前一步，向右转体90度，两腿屈膝成马步；两拳同时汇于胸前环弧，然后左拳向左平击，拳心向下；右拳由外向内画弧，然后屈肘抱于胸前；目视左拳。（图38）

30.白猴洗脸

收左脚落于右脚内侧，脚尖点地，成左虚步；两拳变掌，屈肘向头两侧抖腕亮掌，掌心向前；头随两臂向左右转动。（图39）

图 38

图 39

31.天王托塔

左脚踏实，右脚向右开半步，两脚踝地，向右转体90度，右腿屈膝成右弓步；右掌回胸前环弧，然后由下向前上方抢出，掌心向下；左臂屈肘，左掌向右端于胸前；目视前上方。（图40）

32.猛虎藏威

右脚向后退一步，两腿微屈成麒麟步；同时两掌变拳，由前向两侧后方甩击，拳心向后；目视前方。（图41）

图 40

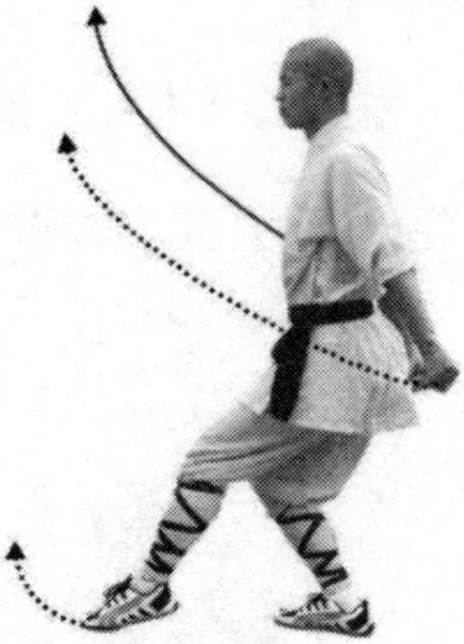

图 41

33.嫦娥奔月

左脚踏实，抬两脚向前跳成左弓步；两拳变掌，由下向前向上推出，掌心斜向上，掌指斜向前；目视前上方。（图42）

图 42

34.金钻穿石

抬右脚向前上一步，向左转体90度，两腿屈膝成马步；两掌

变拳，旋腕回胸前；然后左拳由外向上画弧架于头上左侧，拳心向前；右拳向右直冲；目视右拳。（图43）

35.铁牛耕地

两脚踩地，向右转体90度，抬左脚向前上一步，屈膝成左弓步；右拳由外向上画弧，然后屈肘抱于腰间；左拳变掌，由上向下再向前抢掌，掌心斜向上，上体向前伏；目视前方。（图44）

图 43

图 44

36.猴子摘月

左脚后退一步，两脚踩地，向左转体180度，抬右脚向前上半步，左脚脚尖点地，成左虚步；左掌变拳，与右拳同时由下向上在头前上方击出；目视前上方。（图45）

图 45

37.猛虎跳涧

左脚后退一步，再退右脚，向右转体90度，右腿全蹲，左腿伸直，成左仆步；左拳回胸前抖腕后向胸前下方砸击，拳心向里；右手握拳抱于腰间；目视左侧。（图46）

38.黄忠放箭

起身，两脚踩地，向左转体90度，抬右脚向前上一步，与左脚并步，震脚；同时，两拳变掌，右掌向前冲击，掌心向下；左掌由外向内画弧，然后抱于腰间；目视前方。（图47）

图 46

图 47

39.双手捧月

先抬右脚，后抬左脚向前跳一步，左脚落于右脚前成左弓步；两臂屈肘，两掌向前撩抓，然后合掌，形如捧月；目视两手。（图48）

40.鹞子钻林

抬右脚向前上一步，向左转体45度；两掌变拳，屈肘向前猛冲，上体前伏，右拳由下向上方冲击；同时左脚向后上方翘起；目视前方。（图49）

图 48

图 49

41.斩蛇入泥

左脚落于右脚前半步，两脚踉地，向右转体90度，震右脚，与左脚成并步，两腿半蹲；同时，右拳由胸前向前下方砸击，拳心向后；左臂屈肘，左拳向右横击，拳心向里；目视前方。（图50）

42.将军勒马

抬右脚向右移一步，向右转体90度，抬左脚向前上一步，右腿提膝；两拳变掌，右掌向前向上抓，然后变拳，抱于腰间；左掌向前上方穿出，掌心向下，目视左掌。（图51）

图 50

图 51

43.老虎出洞

右脚落地，再向前跳一步，左脚落于右脚前，屈膝成左弓步；向右转体45度，左掌变拳，与右拳由胸前向上向前环头击出，上体前伏；目视前方。（图52）

44.猛虎跳涧

抬两脚向左跳一步，左脚向左落一步，右腿全蹲，左腿伸直成左仆步；左拳由上向外画弧，然后向下砸击，拳心向里；右拳抱于腰间；目视左侧。（图53）

45.老婆拐线

起身，向左转体90度，收左脚，两腿成拖步；左臂屈肘，左拳向前冲击；右拳由外向内画弧，然后向左顶住左肘尖下部；目视左拳。（图54）

46.威坐玉殿

左脚后退一步，向左转体90度，两腿屈膝成马步；两拳随身由外向内画弧，然后两拳同时向两侧屈肘砸击，然后抱于腰间，拳心向上；目视前方。（图55）

图 52

图 53

图 54

图 55

第三路

47.顶心标拳

接第二路46势，两脚踝地，向左转体90度，成左弓步；同时，

右拳向外再向内画弧，然后抱于腰间；左拳向前击出，拳心向下；目视左拳。（图56）

48.火神分金

抬右脚向前上一步，右腿屈膝成右弓步；右拳由胸前向前下方冲击；同时左拳变掌，由内向外再向内画弧，然后屈肘抱于腰间；目视右拳。（图57）

图 56

图 57

49.罗汉推山

左脚向前上一步，成左弓步；两拳变掌，向前同时推出，掌心向前，掌指向上；目视两掌。（图58）

50.震脚顶肘

接上动作，抬右脚向前一步，震脚，然后上左脚为左丁步；同时，两掌变拳，左拳在胸左侧由外向内画弧，然后屈肘向左横击；右拳向内，屈肘前顶；两腿半蹲；目视前方。（图59）

图 58

图 59

51.恶虎出山

抬左脚向前踮跳一步，右脚落于左脚前成右弓步；两拳回胸前环弧，然后右拳向前向上冲击，拳心向外；左拳向后甩击；目视前方。（图60）

52.龙王唤雨

两脚踧地，向左转体180度，抬右腿由前向左摆踢；同时，左拳变掌，向前向右拍击右脚面；右拳随身向外画弧，然后抱于腰间；目视左掌。（图61）

图 60

图 61

53.黑虎钻心

右脚落于左腿前成右弓步；右拳向前击出，拳心向下；左掌变拳，由外向内画弧，然后抱于腰间；目视右拳。（图62）

上动不停，抬左脚向前上一步，屈膝成左弓步；左拳由胸右侧向前击出；同时，右拳由前向外向上画弧，然后架于头右侧上方，上身向前稍伏；目视左拳。（图63）

图 62

图 63

54.卧虎望筝

右脚向前上一步，向右转体90度，右腿全蹲，左腿跪地；左拳变掌，向前砸击，然后变拳抱于腰间；右拳同时向右，屈肘崩拳；目视右拳。（图64）

55.猛虎抖爪

起身，向左转体90度，抬右腿向前弹踢，两拳抱于腰间。（图65）

图 64　　图 65

上动不停，右脚落于左脚前一步，左脚向前上一步，成左弓步；同时，出左拳向前冲击，拳心向下；右拳抱于腰间。（图66）

上动不停，抬右脚向前上一步，成右弓步；两拳变掌，向前屈肘撩抓；目视两手。（图67）

图 66　　图 67

56.黑虎拦羊

两脚踝地，向左转体180度，抬右脚向前上一步，与左脚成并步；两臂屈肘，两掌变拳，右拳上冲，左拳向右横击；目视右拳。（图68）

上动不停，左脚立地，右腿向前弹踢；同时，两臂屈肘于胸前；目视前方。（图69）

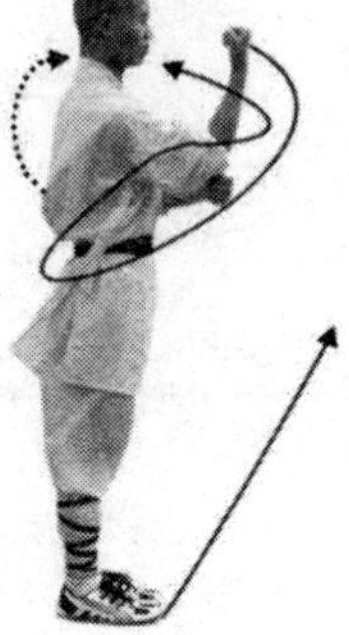

图 68

图 69

57.金鸡独立

右脚向后落一步，向右转体90度，左腿提膝；左拳由上向下砸击于左大腿上，拳心向后；右拳向外向上画弧后，架于头上右侧；目视前方。（图70）

图 70

58.连环冲拳

左脚向左落一步，两脚踝地，向左转体90度，左腿屈膝成左弓步；同时，右拳向前冲击，拳心向下；左拳向外再往里画弧，然后屈肘抱于腰间；目视右拳（图71）；左弓步不变，收右拳、冲左拳（图72）。

图 71

图 72

59.海底捞月

抬右脚向前上一步，与左脚成并步，屈膝半蹲；同时，两拳向前下方合击；目视前方。（图73）

60.猴探仙庭

起身，右脚后退一步，向右转体180度，抬左脚向前上一步，两腿微屈，成左虚步；同时，两拳变掌，屈肘亮于胸前；目视两掌。（图74）

图 73

图 74

61.金钻穿石

左脚踏实，两脚向前跳一步，向右转体90度，两腿屈膝成马步；同时，两掌变拳，左拳向左侧冲击，拳心向前；右拳向外向上画弧，然后架于头上右侧；目视左拳。（图75）

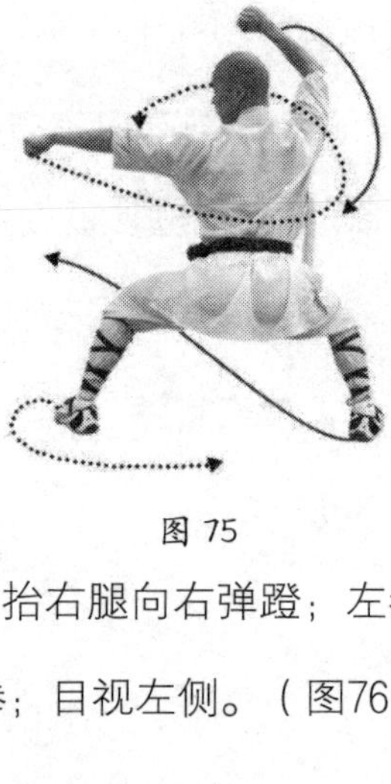

图 75

62.铁牛拉犁

收左脚落于右脚后，向左转体180度，抬右腿向右弹蹬；左拳回胸前，屈肘抱于胸前，右拳向右侧屈肘抖拳；目视左侧。（图76）

63.白猴束身

右脚落于左脚前成右虚步；同时，两拳回胸前环弧，然后右臂屈肘，右拳向上冲击，拳心向里；左拳向下垂劈，拳心向后；目视左侧。（图77）

图 76

图 77

64.程王拔桩

右脚踏实，抬右脚向右跨一步，向右转体90度，成右弓步；两拳同时向前冲击，拳心向下；目视前方。（图78）

65.猛虎跳涧

两脚向后倒跳一步，向左转体90度，右腿全蹲，左腿伸直成左仆步；右拳向外向下画弧，然后抱于腰间；左拳向下砸击，拳心向里；目视左侧。（图79）

图 78

图 79

66.鸿雁展翅

起身，右腿直立，左腿提膝；两拳变掌，由胸前向两侧展出，右臂高左臂低；目视右掌。（图80）

67.双龙出海

左脚向左落一步，抬右脚向前跳一步，左脚落于右脚前，向左转体90度，成左弓步；两手汇于胸前，变成五花掌，同时，向前屈肘推出；目视两掌。（图81）

图 80

图 81

68.黑虎弹爪

抬右腿向前弹踢，脚面绷直；右手向前拍击右脚面，左掌变拳抱于腰间；目视右掌。（图82）

69.单坐莲花

右脚向后落一步，向右转体90度，抬左脚前绕落于右脚外侧，两腿屈膝成叉步；左拳变掌，与右掌同时回胸前环弧，然后屈肘交

叉成上叉手；目视前方。（图83）

图 82

图 83

70.跳步坐山

两脚向左跳一步，两腿屈膝成马步；两掌变拳，右拳向左劈，然后向上画弧，架于头前上方，拳心向前；左拳由左向右劈，然后下栽于左大腿上，拳心向后；目视左侧。（图84）

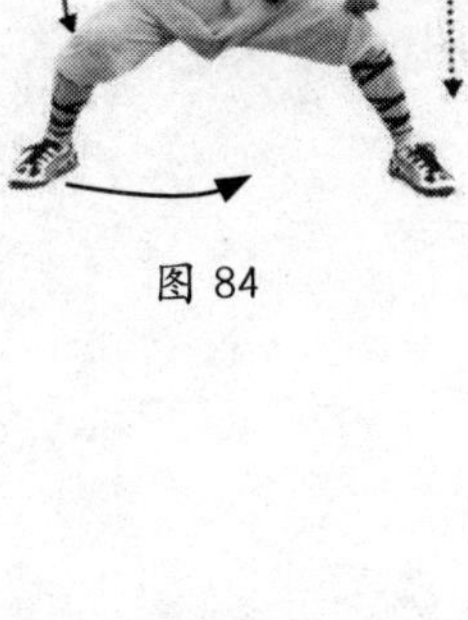

图 84

收 势

收右脚与左脚成并步；两拳变掌，右掌由上向外向下画弧，然后右臂下垂，五指并拢，掌心向里；左掌由下向外向上，再向内向下画弧，然后垂臂，五指并拢，掌心向里，身体挺直；目视前方。（图85）

图 85